Mit Carmen durch Sevilla

Bettina Arlt & Leif Karpe

traveldiary.de Reiseliteratur-Verlag Hamburg

Inhalt

1.
Vertigo, aus dem Reich der Toten

1

Wir befinden uns auf dem Aussichtspunkt der Giralda, dem Glockenturm der Kathedrale von Sevilla. Golden schimmern die Dächer im ersten Licht des neuen Tages. Von hier oben hat man einen fantastischen Ausblick auf die Stadt und den umliegenden, riesigen Kirchenbau.

„Lasst uns eine Kathedrale bauen, so groß, dass jeder, der sie sieht, uns für verrückt hält", sollen die Domherren im Jahr 1401 beschlossen haben. Und so kam es auch. Sevillas Kathedrale wurde nach St. Peter in Rom und St. Paul's in London die drittgrößte der Welt.

Im 13. Jahrhundert war die Giralda sogar der höchste Turm der Welt. Damals diente sie allerdings noch als Minarett der Almohad-Moschee, die zwischen 1184 und 1196 erbaut wurde, als die Stadt unter arabischer Herrschaft stand. Und bereits zum Bau der Moschee hatte man sich des Materials einer anderen Kultur bedient: Das Fundament bestand aus Steinen römischer Ruinen. Als König Ferdinand III. Sevilla 1248 zurückeroberte, ist er angeblich mit seinem Pferd die Rampe hinaufgeprescht, die sich anstelle von Treppen bis zur Aussichtsplattform hinaufwindet, um sich dort triumphierend dem Volk zu zeigen. 1433 wurde die Moschee zerstört und an ihrer Stelle eine christliche Kathedrale errichtet. Das einstige Minarett aber blieb als Glockenturm erhalten, der Mitte des 16. Jahrhunderts mit einer bronzefarbenen Windfahne gekrönt wurde; die Renaissance-Figur stellt eine mit einer Tunika bekleidete Frau mit dem Schild eines

Kriegers in der einen und einem Palmenzweig in der anderen Hand dar und symbolisiert den Triumph des christlichen Glaubens. Dieser Windfahne verdankt der Turm seinen Namen „Giralda", der sich von den Drehungen („Giros") der Fahne im Wind ableitet.

In einer der vier Ecken der Aussichtsplattform kauert ein älterer Herr; er scheint zu schlafen. Seine Kleidung ist altmodisch und verstaubt und er macht den Eindruck, als gehöre er nicht in diese Zeit. Es ist acht Uhr morgens und auf die Sekunde genau setzt ohrenbetäubendes Glockengeläut ein...

Mérimée

Ah, *mon dieu*, was ist das? Feueralarm, feindlicher Angriff oder das jüngste Gericht?! Dabei habe ich gerade so schön geschlummert... Wo bin ich eigentlich? Seit meinem Schlaganfall 1865 bin ich so vergesslich geworden... Ich steh auf einem Turm... hm... Wie komm ich hierher? Was wollte ich hier?... *Parbleu*, das ist aber hoch, fast so hoch wie der *Tour Eiffel*! Ich hab doch früher nicht an Höhenangst gelitten... Oh, mir wird ganz schwindlig! *Attention*, sonst gibt es ein *malheur*!

Ach, jetzt weiß ich es wieder! Ich bin auf der Giralda, dem Turm der großen *Cathédrale de Séville*. Wie schön es hier ist! Von hier oben kann man ganz Sevilla überblicken, mit all seinen kleinen Gassen und wimmelnden Menschen. Ich liebe es! Spanien ist so ursprünglich, diese wilde *mentalité*, der kompromisslose *caractère* der Einheimischen, die herrliche, unverfälschte Natur!

Ah, verzeihen Sie! Ich habe mich ja noch gar nicht vorgestellt. Prosper Mérimée, geboren 1803 in Paris. Ich bin in meinem Leben vielerlei Tätigkeiten nachgegangen, aber in erster Linie war ich leidenschaftlicher Reisender... und *naturellement*... Schriftsteller. Außerdem war ich ein Liebhaber des schönen Geschlechts und habe mich zu Lebzeiten in so manches galante *aventure* gestürzt.

Aber das Reisen blieb meine größte Leidenschaft. Zu meiner Zeit suchte man den Kontakt zur *nature*, wollte zurück zum *origine*, zum Ursprung. Die Salons von Paris waren wir leid, in denen nur diskutiert und philosophiert, aber nicht gelebt wurde. Und das herrliche Andalusien war ein besonders beliebtes Reiseziel. Für mich war es fast, *comme on dit*, meine zweite Heimat. Auch heute noch bin ich ein ruheloser Geist, der nicht lange an einem Ort verweilen kann; stets zieht mich meine Abenteuerlust fort in unbekannte Regionen.

Aber selten sah ich einen Ort, der Sevilla an Charme übertraf. Hier spielten sich im Laufe der Geschichte Märchen der Liebe, Dramen der Leidenschaft und Tragödien der Eifersucht ab. Und unter diesen Millionen von Geschichten gab es die Geschichte einer Frau, hinreißend und unwiderstehlich, mit kompromisslosem Freiheitssinn: Carmen. Ihre Geschichte soll uns Männern eine Warnung sein...

Inzwischen hat sie große Berühmtheit erlangt, allerdings hauptsächlich als Opernfigur. Mein Landsmann und Komponist Georges Bizet hat sich nämlich meiner Novelle bemächtigt und eine Oper daraus gemacht. Aber ich halte nichts davon; ein Singspiel mit hübschen *mélodies*, ein bisschen Kastagnetten und Flamenco, ganz wie sich der durchschnittliche Franzose Spanien vorgestellt hat! Bah! Die Figur in meiner Novelle dagegen hatte Biss, sie hatte Feuer. Sie war kein kitschiges Klischee, keine gurgelnde Mezzosopranistin, die beim Flamenco genauso viel Anmut zeigt wie der steinerne Komtur aus Mozarts Don Giovanni. Übrigens, eine weitere Geschichte aus Sevilla. Aber damit werden wir uns später befassen. Wo war ich stehen geblieben...? Ach ja... Bizet! Der Crétin! Ich hatte die Idee, und er schmückte sich mit den Lorbeeren. Aber leider erst nach seinem Tod! Dieser unerträgliche Mensch ist nämlich drei Monate nach der Premiere, die übrigens ein totaler Reinfall war, an Herzversagen gestorben. Aber ganz unter uns: Ich glaube eher, dass er aus Gram über seinen Misserfolg freiwillig aus dem Leben getreten ist. Muss er sich geärgert haben, als seine Oper wenig später in der deutschsprachigen Erstaufführung in Wien phänomenale Triumphe feierte. Aber das hat er nur noch als Geist erlebt, sozusagen als *phantome de l'opéra*. *Quel dommage!* Hoffentlich lauert Bizet hier nicht hinter einer Ecke, sonst könnte ich *éventuellement* Ärger bekommen.

Aber eigentlich ist es gar nicht Bizets liebliches Singspiel, das mir schlaflose Nächte bereitet. Dafür sorgt vielmehr ein Gerücht, das sich in den letzten Jahren in Sevilla und darüber hinaus Gehör verschafft. Jüngsten Nachforschungen zufolge soll es Carmen nämlich nie gegeben haben! Das ist doch *incroyable*, nicht wahr? Sie fragen sich jetzt gewiss, wer die Unverfrorenheit besitzen kann, so etwas zu behaupten.

Kommen Sie ruhig näher, ich möchte Ihnen etwas zeigen. Sehen Sie da unten das riesige Gebäude? Das ist die einstige Königliche Tabakfabrik. Dort hat Carmen als Zigarrendreherin, als sogenannte Cigarera, gearbeitet. Und vor ein paar Jahren kam doch tatsächlich ein Wissenschaftler auf die Idee, die Fabrikarchive zu durchforsten und nach einer Arbeiterin namens Carmen zu suchen. Vergeblich! Eine Frau dieses Namens hat dort angeblich nie gearbeitet. Und das soll als

Beweis ausreichen, um ihre Geschichte als Altherrenfantasie abzutun? Ich glaube, dahinter steckt die Frauenbewegung, eine für mich ganz unverständliche, neumodische Erfindung. Vermutlich würden ihre Vertreterinnen auch noch behaupten, dass Don José, Carmens Geliebter, an seinem tragischen Schicksal selbst schuld gewesen sei! Der arme Kerl… Alles Unfug! An seinem Schicksal trug allein Carmen Schuld, dieses männermordende, dämonische Wesen.

Aber ich finde, es ist an der Zeit, dass Sie sich selbst ein Bild von den tragischen Begebenheiten machen, die sich damals zugetragen haben. Folgen Sie mir…

2.
Es geschah am hellichten Tag

2

Wir stehen am Hauptportal der einstigen Königlichen Tabakfabrik – der *Real Fábrica de Tabacos.* Der Graben und die Wachtürme, die sie umgeben, lassen uns ahnen, wie wichtig man damals das königliche Tabakmonopol nahm: Zu Beginn des 19. Jahrhunderts wurden hier drei Viertel der Zigarren produziert, die in Europa geraucht wurden. Heute beherbergt das Gebäude die Universität von Sevilla und ist nach dem *Escorial* in Madrid immer noch das zweitgrößte Gebäude Spaniens!

Die Sonne steht inzwischen schon etwas höher am Himmel, und die ersten Studenten treffen ein...

Mérimée *(sichtlich irritiert)*

Über die jungen Leute von heute muss ich mich immer wieder wundern. Früher trugen die jungen Damen Kleider, die ihre Weiblichkeit betonten. Heute kann man Männer und Frauen kaum noch auseinander halten... Aber ich will mich nicht wieder über die modernen Zeiten echauffieren. Ich wollte Ihnen ja schildern, wie es damals war.

Um 1830 waren in der Tabakfabrik ausschließlich Frauen beschäftigt, und zwar etwa 2.000. Die meisten von ihnen waren alleinstehend oder verwitwet und mussten deshalb ihren Lebensunterhalt selbst verdienen. Viele hatten uneheliche Kinder und brachten ihre Kleinen mit. Sie waren sehr selbstständig und unterschieden sich von den anderen Frauen in Sevilla, die von ihren Ehemännern streng bewacht wurden und ihre Häuser selten verließen. *Pauvres créatures, tant pis!* Am Arbeitsplatz herrschte immer große Hitze, und die Frauen waren meist nur leicht bekleidet. Oh la la, wenn ich mir das vorstelle... *Excusez-moi!* Deshalb waren jedenfalls keine Männer in der Fabrik zugelassen. Und um dafür zu sorgen, dass die Männer auch wirklich draußen blieben, wurden eigens dafür abgestellte Soldaten an den Eingängen postiert.

Und an dem Fabriktor, an dem wir gerade stehen, hielt damals ein junger, hübscher, großgewachsener Baske namens Don José Wache. In seiner Heimat hatte er beim Kartenspiel im Streit jemanden getötet und musste von dort fliehen. In Sevilla fand er Arbeit im Wachkommando der Tabakfabrik, und hier traf er zum ersten Mal auf die junge Zigeunerin Carmen. Eine schicksalhafte Begegnung, die sein weiteres Leben auf tragische Weise verändern sollte. Was mag der junge Don José wohl gedacht haben, als Carmen nach Feierabend die Fabrik verließ und ihm verführerische Blicke zuwarf?

> „In den Haaren trug sie eine Fülle von Jasminblüten, deren Duft nach Untergang so betäubend ist. Ihre Haut - übrigens von vollkommener Glätte - näherte sich der Farbe des Kupfers. Die Augen standen etwas schief, waren aber herrlich geschnitten. Die Lippen waren etwas zu voll, aber schön gezeichnet und ließen Zähne sehen, weißer als Mandeln, die soeben geschält sind. Ihre Haare, vielleicht ein wenig zu grob, erglühten in tiefem Schwarz, durchschimmert von den blauen Reflexen des Rabengefieders.“ [1]

Nun, ich persönlich erfuhr von Carmen zum ersten Mal, als ich auf einer meiner vielen Reisen die Gräfin Montijo kennenlernte. Eine ganz reizende Dame übrigens und spätere Gattin von Napoleon III., die mir eines Abends bei

1 Textpassage frei nach Carmen von Prosper Mérimée

einem innigen Tête-à-Tête und einem Glas Champagner erzählte, was sich an jenem Tage in der Fabrik zugetragen hat:

In der Fabrik ist es heiß und überfüllt. Carmen, die Zigeunerin und Einzelgängerin, hört plötzlich, wie eine Gruppe von Frauen abfällige Bemerkungen über ihre Herkunft macht. Das lässt sich die heißblütige Carmen nicht gefallen. Stolz baut sie sich vor der Gruppe auf und zückt ein scharfes Messer. Gezeter und Geschrei, plötzlich überall Blut… wie schrecklich…

Plötzlich rutscht eine Frau das Treppengeländer hinunter, und mit einem Sprung landet sie neben Mérimée.

Carmen

Immer mit der Ruhe, Señor! Kein Grund zur Aufregung! Ich hab ihr bloß ein bisschen das Gesicht geritzt; deshalb muss man nicht gleich einen Aufstand machen. Kreischt die hysterische Kuh doch los, als wollte ich sie ermorden! Dabei war sie mit den paar Kratzern noch gut bedient. Hat sie mich doch glatt als Hexe beschimpft! Das ist die größte Beleidigung für eine Zigeunerin überhaupt. Die kann von Glück sagen, dass ich sie nicht in eine Kröte verwandelt habe. Die anderen Frauen kamen sofort angerannt und zerrten mich von ihr weg. Man rief die Wache, und die nahm mich gleich mit. Tja, bei der Polizei von Sevilla wird nicht lange gefackelt, das geht zack-zack! Und schon sitzt du hinter schwedischen Gardinen! Und der ganze Aufruhr nur wegen ein paar kleinen Kratzern! Manche Frauen sind so was von zimperlich...

Aber was sollte ich tun? Der Autorität der Soldaten musste ich mich beugen, Señor... Wie war doch gleich Ihr Name?

Mérimée

Mérimée.

Carmen

Ah! Das klingt aber gar nicht spanisch. Sie sind wohl einer von den Franzosen, die hier auf der Suche nach amourösen Abenteuern sind. Aber irgendwie kommen Sie mir bekannt vor! Sind wir uns schon mal irgendwo begegnet?

Mérimée

Nicht *directement.* Aber ich kannte Ihren Geliebten. Ich habe ihn damals im Gefängnis besucht, nachdem er Sie… *bon, vous savez.* Der arme Don José...

Carmen *(mimt die Ahnungslose)*

Don José, Don José…

Mérimée

Darf ich Ihnen auf die Sprünge helfen: Nach dem Zwischenfall mit Ihrer Arbeitskollegin wurden Sie festgenommen. Und es war der junge Baske Don José, der den Befehl erhielt, Sie ins *prison*, ins Stadtgefängnis zu überführen. Doch anstatt seiner Aufgabe gewissenhaft nachzukommen, ließ sich José von Ihnen um den Finger wickeln und verhalf Ihnen zur Flucht. Sie verbringen eine Nacht mit ihm, doch schon am nächsten Morgen gaben Sie ihm wieder den Laufpass, *pauvre type!* Doch da war es bereits zu spät; er war Ihnen hoffnungslos verfallen.

Carmen

O je, immer die gleiche Leier, seit 200 Jahren! Wie wär's, wenn Sie die Sache mal unter einem modernen Aspekt betrachten? Wir haben einfach nicht zusammengepasst. Der wollte gleich einen auf Haus und Kinder machen, und das ist halt nicht mein Ding. Sie wissen ja: Die Liebe hat bunte Flügel, und einen solchen Vogel zähmt man schwer… Aber ich fand ihn wirklich süß, und beinahe hätte ich ihn auch…

Mérimée

Da hat er mir aber im Gefängnis etwas ganz anderes erzählt…

Carmen

Da war er nicht ganz bei Sinnen. Immerhin stand er kurz vor der Hinrichtung. Da kann man die Dinge schon mal ein wenig dramatisieren. Heute ist er längst darüber hinweg.

Mérimée

Das wage ich zu bezweifeln!

Carmen

Wollen wir wetten? Wir könnten ihn ja fragen…

Mérimée

Wissen Sie denn, wo er steckt?

Carmen

Nö, ich hab ihn schon ewig nicht mehr gesehen. Aber gegen ein nettes Wiedersehen wär nichts einzuwenden...

Mérimée

Ich habe eine *idée*! Wissen Sie, wo es hier zum Gefängnis geht?

Carmen

Aber sicher, Monsieur, auf geht's! Und auf dem Weg zeige ich Ihnen meine schöne Stadt! Übrigens, sollen wir uns nicht lieber duzen? Das klingt nicht so förmlich...

3.
Der Ritter von der traurigen Gestalt

Wir kommen zu einer Filiale der *Banco Santander Central Hispano.* Hier befand sich vor langer Zeit das städtische Gefängnis.
Vor dem Gebäude finden wir eine Skulptur, die an den berühmtesten Gefängnisinsassen der Stadt erinnert. Hier verbrachte nämlich ein weltbekannter Schriftsteller eine Weile hinter Schloss und Riegel und verfasste dabei ein uns allen bekanntes Buch.

Carmen

Uff, *que calor!*

Mérimée

Pardon?

Carmen

Macht seit 150 Jahren die Straßen von Sevilla unsicher und kann immer noch kein Wort Spanisch... Mensch, was für 'ne Hitze!

Wir sind da!

Mérimée

Très bien. Rufen wir ihn!

Carmen

Ehrlich gesagt bin ich jetzt doch ein wenig nervös...

Mérimée

O nein! So leischt lasse isch disch nischt davonkommen!

Carmen

Und wenn er sich aufregt, kommt sein französischer Akzent besonders gut zur Geltung...

Plötzlich vernehmen sie eine Stimme durch ein vergittertes Fenster.

Cervantes

Dulcinea! *(fängt an zu singen)*

„Ich erträumt dich zu lang,
sah dich niemals und doch hat mein Herz dich schon immer gekannt.
Halb Gebet, halb ein Sang,
gingst du unsichtbar, unfassbar, ewig mit mir an der Hand.
Dulcinea, Dulcinea,
seh den Himmel, wenn ich dich seh, Dulcinea.
Sei dein Name mein Gebet, wenn Engel flüstern, Dulcinea,
Dulcinea.“ [1]

---

1 Die Liedtexte in diesem Kapitel stammen aus dem Musical *Der Mann von La Mancha* (1965) von Mitch Leigh und Joe Darion

Carmen

Starke Oper! Aber trotzdem. Miguel, wie oft soll ich es dir noch sagen: Ich bin nicht deine Dulcinea! Seh ich etwa aus wie eine edle Dame? Wie könnte ich eine Dame sein? *(singt nach der Melodie aus Aldonzas Lied)*

„Eine Dame hat jungfräulich vornehmen Stil
und ist sittsam, das ist wohl bei mir nicht der Fall.
Von vornehmem Stil bleibt nicht viel
wenn man flach auf den Rücken gelegt wird im Stall."

Und nimm diese alberne Rasierschüssel vom Kopf. Du siehst aus wie der Ritter von der dämlichen Gestalt.

Mérimée

Irgendwie kommt mir dieser Dialog bekannt vor...

Carmen

Den *solltest* du auch kennen. Ist schließlich ein Kollege von dir: Miguel Cervantes, der während seiner Haftzeit in diesem Gefängnis die Idee zu seinem Roman „Don Quixote de la Mancha" hatte. Tolles Buch. 'n bisschen lang. Auf Seite 127 hab ich das Handtuch geschmissen. Aber die Zeit im Knast hat ihre Spuren bei ihm hinterlassen, und mittlerweile kann er Erfindung und Realität nicht mehr richtig auseinanderhalten. Manchmal hält er sich selbst für den tapferen Ritter, der gegen Windmühlen kämpft und Dulcinea verehrt, die nur in seiner Fantasie existiert.

Mérimée

Natürlich! Dass ich ihn nicht gleich erkannt habe! Großer Meister der abendländischen Kultur! Es ist mir eine große Ehre, Sie persönlich kennenzulernen! Sie haben mein Werk nachhaltig beeinflusst.

Cervantes

Sie gehören auch zur schreibenden Zunft?

Mérimée

Gewiss… da wäre z.B. mein berühmtes Buch mit dem Titel „Carmen"…

Cervantes

Nie gehört!

Mérimée

Ähm, das war wohl etwas nach Ihrer Zeit. Aber was verschlägt Sie bloß an diesen unwürdigen Ort?

Cervantes

Eigentlich spreche ich nicht gern darüber, aber na gut... Einem Schriftstellerkollegen kann ich ruhig reinen Wein einschenken. Ich habe eine Weile als Steuereintreiber gearbeitet, und da ich eine anspruchsvolle Ehefrau hatte, wurde mein Geldbeutel immer stark strapaziert. Und nachdem ich eines Tages von meinem dienstlichen Rundgang durch die Gemeinde mit vollen Taschen nach Hause kam, machte sie mir eine Szene, weil ich ihren Geburtstag vergessen und ihr kein Geschenk mitgebracht hatte. Um also den Haussegen nicht in Gefahr zu bringen, machte ich mich wieder auf den Weg, um den Geburtstagseinkauf nachzuholen. Tatsächlich fand ich in einem der Lieblingsläden meiner Frau ein passendes Präsent: einen entzückenden goldenen Ring mit einem großen Diamanten! Und da ich noch die Steuergelder der sevillanischen Bürger in der Tasche hatte, konnte ich nicht widerstehen... Frauen waren schon immer mein Verhängnis. Ach, Dulcinea...

Carmen

Oh, ich glaube, Miguel hat schon wieder die Rollen gewechselt. Señor Quixote, wisst Ihr zufällig, wo sich Don José gerade aufhält?

Cervantes

Wer ist das? Ein fahrender Ritter oder ein Edelmann?

Mérimée

Ein Sträfling, den Carmen zum Äußersten trieb, bis er in seiner Verzweiflung zum Messer griff und sie getötet hat.

Carmen

Bei dir klingt es, als hätte er aus Notwehr gehandelt...

Mérimée

Das war *complètement* beabsichtigt...

Cervantes

Welch brutales Verbrechen an so einer zarten Dame! Wo ist der Hund, der dies gewagt? Ich werde ihn zur Rechenschaft ziehen!

Cervantes fängt an, seine Rüstung anzulegen.

Carmen

Beruhige dich, Miguel. Das ist doch schon 150 Jahre her.

Mérimée

Carmen, ich würde es begrüßen, wenn wir uns jetzt zurückziehen...

Cervantes

„Ich träum den unmöglichen Traum,
bekämpf den unschlagbaren Feind,
ertrag den untragbaren Kummer,
stürm vor, wo der Tapferste flieht... la la la la la...“

4.
L'Amour est un oiseau rebèle
(oder: Die Liebe hat bunte Flügel)

Wir folgen den beiden auf der Calle de las Sierpes, was wörtlich übersetzt heißt „Straße der Schlangen“, und tatsächlich schlängelt sie sich geradezu durch die Altstadt Sevillas.
Die Calle de las Sierpes ist die wichtigste Einkaufsstraße der Stadt, und heute herrscht hier Hochbetrieb. Hier findet man Hut-, Fächer- und Tuchgeschäfte. Carmen bleibt schließlich vor einem Schaufenster mit farbenfrohen Kleidern stehen.

Carmen

Oh, was für eine wunderschöne Flamenca...

Mérimée

Comment?

Carmen

Die Flamenca, das herrlich bunte Kleid da im Fenster!

Mérimée

Ich dachte, der spanische Tanz heißt so...

Carmen

Das ist der Flamenco. Flamenca heißt übersetzt „Flämin“, weil man früher dachte, dass die Zigeuner aus dem Norden kamen, und danach benannte man auch die typischen Kleider... Könntest du mir nicht ein paar Münzen leihen?

Mérimée

Frauen sind doch alle gleich: Eitel und putzsüchtig! Carmen, wir haben keine Zeit für... wie heißt noch das neumodische Wort... „Shopping"! Wir müssen Don José suchen. Wo mag er bloß sein, *parbleu?*

Carmen

Lass uns zum Haus des Oberst gehen! Mit dem hat Don José noch eine Rechnung offen, vielleicht ist er ja dort. Nachdem Don José mich freigelassen hat, fand im Haus des Oberst nämlich eine Party statt.

Merimeé

Dis-moi: Wie hast du José dazu gebracht, dich freizulassen. Ich möchte zu gern wissen, wie es Frauen wie dir immer wieder gelingt, die Schwächen der Männer auszunutzen und sie für ihre Zwecke zu missbrauchen.

Carmen

Jetzt übertreib nicht wieder so maßlos, alter Mann. Das Gefängnis war einfach nichts für mich. Nicht eine Nacht hätte ich es da aushalten können. Also brauchte ich einen Fluchtplan. Und bei der Wache, die mich abführte, war eben dieser junge Mann, der mir schon vor der Fabrik aufgefallen war. Er war anders als die anderen, machte keine anzüglichen Bemerkungen, wenn wir Frauen zur Siesta gingen, und wurde fast rot, wenn eine von uns ihn ansah. *(schwärmerisch, fast verliebt)* Einfach süß! Außerdem war er hübsch und gut gebaut...

Mérimée

Ich wäre dir sehr verbunden, wenn du es ab und an mal unterlassen könntest, Männer nur als *objets* deiner Begierde zu betrachten.

Carmen

Ha, da spricht der Richtige! Wenn ich mich recht entsinne, haben wir uns damals vor der Zigarrenfabrik kennengelernt, wo du mit all den anderen lüsternen Mannsbildern darauf gewartet hast, dass meine leicht bekleideten Kolleginnen die Fabrik verlassen. Alter Heuchler! Und jetzt unterbrich mich gefälligst nicht mehr.

Aber glaubt ihr, der süße Typ hätte mich auch nur eines Blickes gewürdigt? Jeder andere hätte mir längst die Füße geküsst, aber nicht Don José! NEIN, das hatte er gar nicht nötig. Er zeigte mir einfach die kalte Schulter! Na schön, dann musste ich eben andere Saiten aufziehen... Ich zog mich in eine Ecke meiner Zelle zurück und beachtete ihn nicht mehr. Zumindest tat ich so... gleichzeitig aber lauschte ich aufmerksam auf jedes Wort, das er mit seinem Kameraden wechselte. Und ich brauchte nicht lange, um festzustellen, dass er Baske war... diesen Zungenbrecher-Akzent hätte ich unter Tausenden wiedererkannt. Ich wusste auch, dass die Basken sehr stolz und ihrem Heimatland eng verbunden waren, deshalb näherte ich mich nach einer guten Stunde wieder den Gitterstäben und flüsterte zaghaft auf Baskisch: „Freund, könnt Ihr wirklich mit ansehen, wie sich eine baskische Landsmännin nach der Freiheit verzehrt?“ Caramba! Solch eine Reaktion hätte kein Zaubertrank der Welt hervorrufen können! War er vorher noch streng und unnahbar gewesen, so hing er jetzt buchstäblich an meinen Lippen. Ich hatte alle Trümpfe in der Hand und brauchte sie nur noch auszuspielen. Ohne viel Zeit zu verlieren – denn ich wusste, dass er mir aus der Hand fressen würde wie ein kleines Hündchen – setzte ich ihm meinen Fluchtplan auseinander. Selbstverständlich sprach ich weiterhin auf Baskisch mit ihm, damit seine Kollegen nichts mitbekamen. Er sollte die Tür öffnen, um mir Essen zu bringen, und ich würde ihn gegen die Wand stoßen und weglaufen, während er so tut, als hätte er sich schwer verletzt. Und ob Sie es glauben oder nicht, er nickte! Und so geschah es. Er schloss die Zellentür auf und kam herein, ich schubste ihn, er ließ sich fallen und ich rannte so schnell mich meine Füße trugen...

Mérimée

Und an das Schicksal des armen José hast du keinen Gedanken mehr verschwendet. Denkst du denn, sein Vorgesetzter hat ihm geglaubt, dass ihm ein zartes Wesen wie du körperlich überlegen war?

Carmen

Ich weiß nicht...

Mérimée

Schämen solltest du dich! Du denkst nur immer an dich selbst...

5.
Die Vertreibung aus dem Paradies

Auf dem Weg zur Villa des Oberst passieren wir ein riesiges, in seinem Grundriss quadratisches Gebäude: das *Archivo General de Indias*, die größte spanische Dokumentensammlung über die Entdeckung und Eroberung Amerikas. Es enthält fast 40.000 Urkunden, Karten und Stadtpläne der spanischen Gründungen in der neuen Welt. Dazu gehören u.a. Autografen von Magellan, Pizarro und Cortés - eine Fundgrube nicht nur für Forscher, denn die wertvollsten Stücke sind in Vitrinen ausgestellt.

In dem opulenten Renaissancebau findet man auch die Originaltagebücher von Kolumbus. Sein Name ist in besonderem Maße mit Sevilla verbunden, denn hier erteilte Königin Isabella ihm den Auftrag zur Erforschung eines neuen Seewegs nach Indien. Außerdem liegen seine Gebeine im Grabmal der Kathedrale von Sevilla begraben, obwohl das lange Zeit umstritten war, denn der Leichnam des Entdeckers hat eine wahre Odyssee erlebt.

1596 wurde er nach Santa Domingo auf Haiti überführt. Nach Verlust der Kolonie kam er nach Havanna auf Kuba. Als auch Kuba 1898 verloren ging, schaffte man seine sterblichen Überreste an ihren heutigen Platz, jedoch wurde immer wieder angezweifelt, ob in dem Sarkophag tatsächlich die Gebeine von Kolumbus liegen. Erst 2006 entschloss man sich – nicht ohne die Befürchtung, eine wichtige Touristenattraktion zu verlieren – zu einer Überprüfung anhand einer DNS-Analyse.

Diese brachte schließlich Gewissheit: Kolumbus' Überreste liegen in Sevilla!

Mérimée und Carmen haben bei ihrer Diskussion nicht auf den Weg geachtet und sind mit einem Mann zusammengestoßen.

Mérimée, Carmen & Kolumbus

Au!

Kolumbus

O je, das tut mir leid, habt Ihr Euch wehgetan? Wie konnte ich nur? Es tut mir so unendlich leid! Wie kann ich das wiedergutmachen?

Carmen

Schon gut, schon gut! Ist ja nichts passiert.

Kolumbus

Entschuldigt, ich habe es eilig, ich muss schnell ins Archivo de Indias!

Carmen

Zu spät, das ist seit fünf Minuten geschlossen. Mittagspause!

Kolumbus *(stampft wütend mit dem Fuß auf)*

Porca miseria! Nicht schon wieder! *(wieder leiser)* Verzeiht mir, aber immer werden mir Steine in den Weg gelegt. Genau wie damals, als Königin Isabella starb und man mir die Erlaubnis zu meiner fünften Reise verweigerte!

Carmen

Macht Euch nichts draus. Nächstes Mal klappt es bestimmt.

Kolumbus

Das sagt *Ihr*. Ich muss unbedingt in das Archiv gelangen. Dann kann ich alles wiedergutmachen…

Carmen *(die ihn ablenken will)*

Sagt einmal, Ihr kommt mir irgendwie bekannt vor. Habt Ihr nicht in dem Film *Asterix und Obelix* mitgespielt?

Kolumbus *(leicht gereizt)*

Nein, das war Gérard Dépardieu.

Er verstummt. Nach einer Weile setzt er wieder zu sprechen an. Er spricht, als tauche er in eine andere Welt ein, als hätte er eine Vision. Zunächst spricht er verträumt und wehmütig, dann wird seine Erzählung immer dramatischer.

Die Landung ein Triumph… paradiesische Landschaft… freundliche Eingeborene… Und dann? *(ein Klagelaut aus tiefstem Herzen)* Schnöde Gier nach Gold! Menschenverachtende Arroganz! Niedergemetzelt, die reine, arglose Unschuld!… Geopfert zu Tausenden unserer Gier!… *(mit der Intensität steigert sich auch das Tempo)* Und danach: Eine endlose Kette ungeheuerlicher Grausamkeiten… Ausbeutung, Unterdrückung, Sklavenhandel, Ku-Kux-Klan,

Hiroshima, Watergate, Cruise Missile, Golf-Krieg, Bush... *(die Aufzählung gipfelt im lauten Aufschrei)* Mea Culpa, mea Culpa, mea maxima Culpa! *(bricht müde und niedergeschlagen zusammen)*

Carmen

Hast du ihn erkannt, Prosper? Das ist Cristobal Colon, oder auch Christoph Kolumbus. *(flüsternd zu Mérimée)* Seit fast 500 Jahren versucht er, in das Indische Archiv hineinzukommen, als ob darin seine Erlösung wartet. Aber jedes Mal, wenn er hinkommt, haben sie gerade geschlossen.

Armer Kerl, dabei wollte er doch bloß einen Seeweg zu den Gewürzinseln finden...

Mérimée

Ah, quelle surprise! Und ich dachte, Ihr wärt gar nicht mehr hier. Man munkelt, Ihr seid seit ein paar Jahrhunderten in der Karibik ansässig... Was *auch* ein ganz hübscher Alterssitz ist...

Kolumbus

Nachdem vor ein paar Jahren bei einem Streit zweier konkurrierender Andenkenverkäufer das Gerücht in Umlauf kam, die Gebeine in der hiesigen Kathedrale seien gar nicht meine, hält es sich hartnäckig. Dabei haben eingehende DNS-Analysen inzwischen längst das Gegenteil ergeben.

Mérimée

Das *problème* mit den Verleugnungen kenne ich...

Kolumbus

Ehrlich gesagt wäre es mir ganz recht, wenn die Menschen endlich aufhören würden, zu meinem Grab zu pilgern, als ob ich ein Heiliger wäre. Auf so viel Aufmerksamkeit kann ich dankend verzichten...

Carmen

Wurde in Sevilla nicht sogar eine Weltausstellung veranstaltet, anlässlich des 500. Jubiläums der Entdeckung Amerikas?

Kolumbus

Ach, erinnert mich nicht daran! Anstatt Gras über die Sache wachsen zu lassen, müssen mich die Menschen immer wieder mit der Nase auf die Gräueltaten in der Neuen Welt stoßen. Deshalb muss ich unbedingt ins Archivo und alle meine Seekarten vernichten, um die Verbrechen ungeschehen zu machen.

Mérimée

Mit Verlaub, Monsieur Colomb, aber dazu ist es inzwischen zu spät.

Carmen

Ja. Man braucht Eure Karten nicht mehr, um nach Amerika zu gelangen. Täglich starten etwa 20 Flugzeuge von Madrid nach New York, Washington, Mexiko Stadt, Buenos Aires, Sao Paulo, Havanna, Caracas und Bogota, und die Route ist im Bordcomputer gespeichert.

Kolumbus

O nein! Wie soll ich denn jemals wiedergutmachen, was infolge meines Entdeckerwahns geschehen ist...

Carmen

Rückgängig machen, was geschehen ist, könnt Ihr sowieso nicht. Die einzige Möglichkeit, Euch von der Schuld zu befreien, ist zu verhindern, dass so etwas wieder passiert.

Kolumbus

Aber wie soll ich das tun?

Mérimée

Wie soll er das tun, Carmen?

Carmen

Hm, lasst mich mal überlegen... Ich weiß was! Wie wäre es, wenn Ihr Euch in den Regenwald begebt und verhindert, dass der Lebensraum der Ureinwohner vollends zerstört wird, indem Ihr die Holzfäller, die dort hingeschickt werden, um die Wälder zu roden, ein wenig erschreckt, so dass sie wieder verschwinden?

Kolumbus sieht sie entgeistert an.

Carmen

Seid Ihr nun ein Geist oder eine Memme?

Kolumbus *(zunächst zögerlich, dann entschlossen)*
Ja... das klingt gut. Das werde ich probieren. Kennt Ihr zufällig den Weg zum Flughafen?

Carmen
Da nehmt Ihr am besten den Zug. Zum Bahnhof müsst Ihr in diese Richtung gehen...

Kolumbus *(schüttelt Carmen und Mérimée überschwänglich die Hand)*
Danke. Vielen Dank! *(entfernt sich beschwingten Schrittes)* Lebt wohl!

Nach einer kurzen Pause, während der Mérimée und Carmen dem beglückten Weltenbummler hinterhergesehen haben:

Mérimée
Na gut, wollen wir weiter nach Don José suchen.

6.
Fiesta Española

Ganz in der Nähe des Archivo befindet sich die riesige alte Villa des Oberst. Sie ist verfallen, und durch einen Seiteneingang betreten Carmen und Mérimée die Ruine...

Carmen

Hier könnte mal wieder aufgeräumt werden! Damals sah das hier schon eine Spur edler aus.

Mérimée

Bon, an uns ist die Zeit auch nicht spurlos vorübergegangen.

Carmen

Wie bitte?

Mérimée

Ähem... Das war natürlich nur auf meine Person bezogen, hüstel... *(sieht sich um)* Ist das hier unheimlich!

Carmen *(lacht)*

Hast du Angst? Etwa vor Geistern?

Mérimée

Mais non! Das wäre ja geradezu... *ridicule! (plötzlich springt eine Ratte auf)* Ahhh!

Carmen lacht schallend.

Mérimée *(peinlich berührt)*

Jedenfalls scheint Don José nicht hier zu sein. Gehen wir wieder!

Carmen

Ja, sieht fast so aus. Wirklich schade, Prosper… Ich darf doch „Prosper" sagen, oder?

Mérimée

Ein bisschen mehr Respekt, bitte. Schließlich könnte ich dein Vater sein... und in gewisser Weise bin ich das ja auch. Nun wollen wir aber wieder auf Don José zu sprechen kommen. Du sagst, du wüsstest nicht, was mit ihm passiert ist, nachdem du geflohen warst? Ich werde dir sagen, was passiert ist. Und glaube nicht, dass ihm sein Vorgesetzter den *faux pas* großzügig verziehen oder ihn wegen seiner körperlichen Schwäche gar bedauert hat. Ich stelle mir die Szene etwa folgendermaßen vor:

> Vorgesetzter: „Ach so, sie hat dich gegen die Wand geklatscht, und du bist benommen liegen geblieben! Ja, ja, diese Zigeunerinnen sollen ja Bärenkräfte haben! *(auf einmal brüllt er los)* Sag mal, für wie blöd hältst du mich eigentlich! Ein Monat Kerker bei Wasser und Brot! Abtreten!"

So war das nämlich.

Carmen

Der Arme! Wenn ich irgendetwas noch schwerer ertragen kann, als selber eingesperrt zu sein, dann ist es mitansehen zu müssen, wie ein anderer meinetwegen in den Knast wandert...

Mérimée *(mit erhobenem Zeigefinger)*

Ah, ah, ah...

Carmen

Na gut, das war nicht der einzige Grund. Ich fand ihn schnuckelig und wollte ihn für mich haben. So, jetzt weißt du's. Also schickte ich ihm eine Feile ins Gefängnis. Natürlich in ein Brot gebacken, was denkst du denn! Danach hielt ich Ausschau nach ihm, um dem Flüchtigen dabei zu helfen unterzutauchen, aber weit und breit war nichts von ihm zu sehen. Später hat er mir doch tatsächlich erzählt, dass er die Degradierung fiel schlimmer fand als die Gefängnisstrafe und dass er nie im Leben auf die Idee gekommen wäre zu desertieren.

Mérimée

Als ich über dich schrieb, hätte ich dir vielleicht eine kleine Prise Ehrgefühl mitgeben sollen...

Carmen *(ignoriert ihn geflissentlich)*

Wie dem auch sei. Jedenfalls hätte ich da schon merken müssen, dass wir zwei nicht zusammenpassen. Aber irgendwie rührte mich seine Aufrichtigkeit, und seine mannhafte Statur erfreute meinen... Blick. *(schäkernd und flirtend)*

Jedenfalls als wir uns das nächste Mal wieder sahen. Ich hatte inzwischen aufgegeben, auf ihn zu warten und dachte schon gar nicht mehr an ihn. Die Stelle in der Tabakfabrik war natürlich weg, deshalb schlug ich mich mit allerlei Jobs durch, unter anderem trat ich als Flamenco-Tänzerin auf. Eines Tages führte diese Tätigkeit mich und meine beiden Freundinnen Frasquita und Mercedes ins Haus eines Oberst, der ein Fest gab.

Bei der Feier ging es echt ab. Aber wo Flamenco getanzt wird, ist immer was los. Wir tanzten auf den Tischen und sangen, bis wir heiser waren und unsere Kehlen mit köstlichem Sangria anfeuchten mussten.

Mérimée

Franchement, dem typisch spanischen Flamenco-Gesang kann ich nicht viel abgewinnen. Er ist laut und aufdringlich und bringt das Trommelfell zum Beben. Und wenn man genau hinhört, stellt man eine Ähnlichkeit zum Gesang des Muezzin fest, der die Gläubigen zum Gebet in die Moschee ruft. Vermutlich, weil die in Spanien lebenden Zigeuner zur Zeit der Maurenherrschaft aus Indien hierher kamen, die anmutigen Armbewegungen der indischen Tempeltänzerinnen mitbrachten und ihren Gesang – wenn man es denn so nennen will – an muslimischen Gebetsritualen schulten.

Carmen

Das erklärt aber noch nicht dieses seltsame Gestampfe, das man beim Flamenco beobachten kann. Ich kann dabei jedenfalls wunderbar meinen Aggressionen freien Lauf lassen. Entstanden ist der kraftvolle Rhythmus bei der Arbeit. Zigeuner waren früher oft Metallarbeiter und Schmiede, und um sich die Arbeit zu erleichtern, gestalteten sie eine Freizeitbeschäftigung rund um den Schlag des Schmiedehammers. Man sang, man tanzte... man stampfte, und schon war der Flamenco geboren.

Wenn ich tanze, vergesse ich die Welt um mich herum, deshalb sah ich auch nicht, dass ich und meine Freundinnen beobachtet wurden und war ganz überrascht, als Frasquita in einer Pause zu mir meinte: „Hast du gesehen? Vor dem Fenster steht der süße Typ, der vor der Zigarrenfabrik immer Wache gehalten hat. Du weißt schon, der schüchterne!" Und Mercedes fiel ein: „Er starrt die ganze Zeit herein! Ich glaube, eine von uns gefällt ihm..." Ich sah aus dem Fenster, und tatsächlich stand da Don José. Für einen kurzen Augenblick trafen sich unsere Blicke. Dann sah er schnell wieder weg.

Mérimée

Ah, holde Carmen, wirst du etwa rot? *Parbleu,* wer hätte das gedacht! Hast du dich etwa tatsächlich in Don José verliebt?

Carmen

Pah, red keinen Unsinn, alter Mann! Ich und rot werden... Und wenn, dann höchstens aus Wut! *(bedrohlich)* Und wer mich wütend macht, hat nichts zu lachen!

Mérimée

Willst du mir etwa drohen, du freches Geschöpf? Vergiss nicht, dass du mir deine Berühmtheit zu verdanken hast. Da kann ich ja wohl ein bisschen mehr *respect* verlangen!

Carmen

Nur wenn du mich nicht mehr ständig unterbrichst und mich endlich meine Geschichte erzählen lässt! Also… Ich muss gestehen, dass mich Don Josés Anblick tatsächlich nicht ganz kalt ließ, und nach unserem Auftritt blieb ich kurz bei ihm stehen. Ich flüsterte ihm auf Baskisch ins Ohr und fragte ihn, ob er frisch gebackenen Fisch mag und ob er nicht nachher zu Lillas Pastilla nach Triana kommen will. Lillas Pastilla war ein Freund von mir, bei dem ich seit einiger Zeit regelmäßig einkehrte und der immer volles Haus hatte… *(kokett)* man munkelt, dass meine Anwesenheit nicht ganz unschuldig daran war. Jedenfalls trat mein süßer Baske zwei Stunden später bei Lillas durch die Tür. Er war geschniegelt und gebürstet, als wolle er auf eine Parade, und sah zum Anbeißen aus, und wir verbrachten einen romantischen Abend miteinander.

Mérimée

Ich werde das Gefühl nicht los, *chère* Carmen, dass der gute Don José dir noch immer etwas bedeutet…

Carmen

Pöh!

Mérimée

Weißt du denn wirklich nicht, wo er noch sein könnte?

Carmen

Nun, damals sind wir oft durch die arabischen Gärten flaniert...

Mérimée

Une très bonne idée! Gehen wir dorthin!

7.
Im Reich der Sinne

6

Welch eine Pracht! Wir stehen im Patio de León, dem Haupthof eines orientalischen Palastes. So scheint es zumindest - tatsächlich gehen die Grundzüge der Anlage auf die Maurenzeit vor der Eroberung von 1248 zurück. Doch der Palast an sich stammt erst aus christlicher Zeit: Pedro III., genannt „der Grausame", war ein Liebhaber islamischer Kunst und ließ ihn ab 1364 für sich erbauen. Die muslimischen Handwerker, damals für ihre Kunst auch an christlichen Höfen geschätzt, stammten vom Hof des befreundeten Nasridenherrschers Mohammed V. aus Granada; eine gewisse Ähnlichkeit mit der Alhambra ist unverkennbar.

Im Palast sieht man den erheblichen Einfluss der islamischen Baukunst. Das zeigt, wie fruchtbar die gegenseitige Beeinflussung zweier Kulturen sein kann. Herausgebildet hat sich dabei der so genannte Mudéjar-Stil, der im 14. Jahrhundert seine Blüte erreichte. Dabei wurden Bauformen und Dekor aus der islamischen Architektur, wie Hufeisenbogen, Stalaktitgewölbe und Stuckornamente mit dem Baustil der Gotik bzw. später der Renaissance verbunden.

Am Ende betreten wir die Parkanlagen des Palastes: Die Gärten des Alcazar sind der richtige Platz, um die heißen Mittagsstunden zu verträumen: Wasserspiele, Fischteiche, Blütenzauber und exotische Bäume beweisen einmal mehr die glückliche Hand der Mauren für die Gartenkunst, auch wenn ein Teil aus späterer Zeit stammt, was deutlich zu erkennen ist.

Mérimée

Übrigens, du warst bei deiner Erzählung stehengeblieben bei „Wir verbrachten einen romantischen Abend miteinander". *C'est tout?* Mehr erzählst du darüber nicht?

Carmen

Klar, dass du wieder jede schlüpfrige Einzelheit hören willst!

Mérimée

Bitte beleidige meinen Feinsinn nicht; schließlich bin ich kein grober Frauenheld, der die Damen nur als Objekt betrachtet. Was ich hören wollte, waren *détails romantiques*, die einen träumen lassen und die schwärmerische Fantasie anregen... Dazu ist dieser wunderschöne Ort doch wie geschaffen, mit seinem Orangenduft, der einen ganz benommen macht! Vergleicht man Sevilla *avec une belle femme*, mit einer schönen Frau, dann sind die Orangenbäume ein kostbares Parfüm, das die Araber ihr zum Geschenk gemacht haben. Und in den 500 Jahren, während der die Araber hier herrschten, haben sie viele Orangenbäume gepflanzt. Ah, schau dich doch mal um! Wir sind im Garten des Alcazar! Eine paradiesische Oase, mit lieblich plätschernden Springbrunnen, duftenden Orangenbäumen und prächtiger Architektur. Eine Orgie der Sinne...

Carmen *(Carmen jauchzt verzückt wie ein kleines Mädchen)*

O schau, da vorne sitzt ein Straßenmusiker. Komm, den wollen wir uns anhören!

Der Sänger singt ein Lied mit folgendem Text:

Ich bin ein Garten voll von Zier,
mit jedem Schmuck bekleidet.
Erkenne mich, indem dein Blick
An meinem Reiz sich weidet!
Durch Allah nur, durch Menschen nicht,
konnt ich so herrlich werden;
ich bin an Glücksverheißung reich
wie sonst kein Bau auf Erden.
Welch ein Genuss den Augen!
Stets erneuert wird die Sehnsucht... [1]

Carmen *(klatscht begeistert Beifall)*

Wunderschön! Los, wirf ihm eine Münze in den Hut! *(sieht sich um)* Wie viele Pflanzen hier sind! Man sollte nicht meinen, dass so viele verschiedene Arten überhaupt nebeneinander existieren können... Aber die Araber hatten auch bei Menschen ein besonderes Händchen dafür, Harmonie aus Gegensätzen zu schaffen. Die Herrschaft der Mauren in Sevilla war ja beinahe die toleranteste Periode in der gesamten Geschichte Spaniens. Weder vorher noch nachher haben Muslime, Juden und Christen so friedlich nebeneinander gelebt wie zur Zeit der maurischen Herrschaft. Aber wen wundert das bei einem Volk, das den Beruf des Dichters ebenso hoch achtet wie den des Chirurgen oder Wissenschaftlers...

1 Die Zeilen stammen aus einem Gedicht von Ibn Zamrak (1333–1394), Poet und Staatsmann aus Al-Andalus

8.
Don Juan

Kaum eine Stadt hat so oft wie Sevilla als Opernkulisse fungiert. Sevilla wird in 169 Opern namentlich erwähnt: Der Barbier von Sevilla war hier zu Hause und natürlich Don Juan, der Erfinder des Machismo: Der Legende nach hieß dieser mit bürgerlichem Namen Miguel Maniara. Er hatte es sich zum Hobby gemacht, junge, unschuldige Mädchen zu verführen. Doch eines Tages hatte er eine Vision: in einer Straße (der heutigen Calle Miguel Maniara) begegnet er einer Prozession. Zu seinem Erstaunen stellt er fest, dass es seine eigene Beerdigung ist! Von da an änderte er seinen Lebensstil radikal: er ließ die Finger von den Frauen und widmete sein Leben den Armen.

Sein Grab befindet sich im Boden vor der Kapelle des von ihm gestifteten Krankenhauses Hospital de la Caridad, das er für Bedürftige errichten ließ und das heute ein Museum ist.

Doch manche glauben, dass er in Gestalt der berühmten Opernfigur immer noch sein Unwesen in den Straßen von Sevilla treibt. Und tatsächlich: als Carmen und Mérimée gerade die schönen Orangenbäume bewundern, klettert Don Juan aus einer Baumkrone und schleicht sich an Carmen heran.

Don Juan

So hübsch und so klug zugleich. Aber wer wird denn an solch einem romantischen Ort so langweilige Geschichten erzählen! Die Orangenhaine sind dazu da, um in ihnen zu lustwandeln, den Mond anzuseufzen und reizende Komplimente vom Geliebten zu hören.

Carmen

Halt die Luft an, Kumpel. Mit deinem Gesäusel kannst du bei mir nicht landen.

Don Juan *(beiseite)*

Oh, eine Emanze. Bei der muss ich andere Saiten aufziehen.
(zu Carmen) Schicker Garten, oder? Würde ich echt mal gerne mit dir drin spazieren gehen! Du kannst auch deinen Rottweiler mitbringen.
(Er will seinen Arm um ihre Hüfte legen.)

Mérimée *(klopft ihm auf die Finger und sagt ermahnend)*

Don Giovanni!

Don Juan *(zuckt zusammen und zieht seinen Arm wieder weg.)*

Ja, ja, Alter, schon gut. Ich mach ja gar nichts. Kann man nicht mal mehr 'n bisschen fummeln? Ich hab doch schon als Sühne 'n Krankenhaus für Arme hier in Sevilla gebaut und meine Knochen am Kircheneingang verscharren lassen, damit alle auf mir herumtrampeln können.

Carmen

Das hast du doch nur gemacht, damit du den Mädels unter den Rock gucken kannst.

Don Juan

Nie im Leben. Nachdem der Komtur bei mir zum Abendbrot war, hab ich kein Mädel mehr mit der Kneifzange angefasst!

Carmen

Bist du nicht nach dem Abendessen in die Hölle gefahren?

Don Juan

Zu viel Mozart gehört, was? Du darfst nicht alles glauben, was du auf der Bühne siehst. Der wahre Don Juan hat noch zu Lebzeiten dem Laster abgeschworen und sich der Wohltätigkeitsarbeit zugewandt. Altkleidersammlung, Gulaschkanone bei der Heilsarmee, du weißt schon. Was tut man nicht alles, um unsterblich zu werden! Aber wie es aussieht, haben mir meine Schandtaten als Don Juan mehr Ruhm eingebracht.

Carmen

Gegen eine heißblütige Spanierin wie mich hast du beim Opernpublikum sowieso keine Chance!

Don Juan

Ach, das bisschen Femme Fatale und Mord aus Eifersucht... harmlos!

Was dagegen in meiner Oper so alles abgeht... die schwarze Seele des rücksichtslosen Verführers, der sich an unbefleckten Jungfrauen vergreift...

Carmen

Jetzt lass dich nicht hinreißen. Als Opernstoff mag das einiges hergeben, als Biografie ist es mehr als erbärmlich. Ein hemmungsloser Verführer, der die Schwäche der Frauen ausnutzt... Pfui! Bei mir wissen die Männer wenigstens, woran sie sind. Meine Freiheit war mir immer das Wichtigste.

Don Juan

Bla, bla, Freiheit und der ganze Mist! Hochtrabendes Gerede! Im Grunde bist du genauso verdorben wie ich... *(Auf einmal schlägt er um sich, als wolle er unsichtbare Fliegen vertreiben, die ihn umschwirren.)* Ach, nicht schon wieder! Weg! Lasst mich! Nein! Ich will nicht! Haut ab! Mensch! *(geht flüchtend ab)*

Carmen

Endlich habe ich mal das letzte Wort. So, wo war ich gerade stehengeblieben? Ach ja, Don José und ich... Das war ein herrlicher Abend! Später gingen wir dann noch zum Haus meiner Freundin Dorothea, wo ich nur für ihn tanzte... und noch allerlei andere Sachen veranstaltete... Mitten in der romantischsten Stimmung aber steht er auf einmal auf und sagt: „Leider muss ich dich jetzt verlassen. Es ist mir nicht erlaubt, die Nacht außerhalb des Quartiers zu verbringen." Wenn er mir dadurch nicht komplett die Stimmung verdorben hätte, hätte ich laut losgelacht. So ein Hampelmann! Aber ich hatte keine Lust, die Nacht alleine zu verbringen, und es bedurfte bloß einiger gezielter Worte und Handgriffe, um ihn zum Bleiben zu bewegen... Am nächsten Morgen...

Mérimée

Mon Dieu, nicht schon wieder die Verschleierungstaktik...

Carmen

Hihi, das mach ich doch nur, um dich zu ärgern.

Also am nächsten Morgen verließ ich Don José wieder. Aber er war sehr anhänglich und lauerte mir an jeder Ecke auf. Jeden Abend wollte er mit mir zu Dorothea in die Calle Candilejo. Anfangs hat mir das gefallen; er war ein süßer Junge, und ich mochte ihn. Aber irgendwann ging mir seine Anhänglichkeit auf die Nerven. Ich konnte kaum etwas machen, ohne dass er sich an meine Fersen heftete.

Deshalb beschloss ich eines Tages, Schluss zu machen, und ließ ihn mit verdattertem Ausdruck im Gesicht mitten auf der Straße stehen. Ich nahm meinen alten Lebensstil wieder auf und war froh, wieder frei zu sein.

Mérimée

Nun, hier scheint dein verschmähter Geliebter aber auch nicht zu sein. Ich habe langsam die Befürchtung, wir werden ihn in Sevilla *überhaupt* nicht finden.

Carmen

Das wär ja noch schöner! Der Kerl murkst mich ab und hat nicht mal genug Gewissensbisse, um als Geist hier herumzuwandeln?!

Mérimée

Hélas, ich würde auch gerne wieder in mein schönes Paris zurückkehren! Doch irgendetwas hält mich hier fest, und ich weiß nicht, was es ist... *Mais où est-il, Don José?* Wo ist er bloß?

Carmen

Vielleicht hängt er bei seinen Schmugglerkollegen rum. Ich hatte ihn ja damals in meine Bande eingeführt.

Mérimée

Und wo finden wir die?

Carmen

Was meinst du wohl, Prosperchen? Wo schmuggelt man die Ware in die Stadt? An einem der Stadttore...

9.
Interview mit einem Vamp

Auf dem Weg zu einem der Stadttore überqueren Carmen und Mérimée einen kleinen Platz, an dem sich eine typisch spanische Bar befindet: „La Moneda“, übersetzt „Münzgeld“, denn die Bar ist in dem Gebäude der ehemaligen Münzprägewerkstatt von Sevilla untergebracht. Im goldenen Zeitalter, als Spanien im 17. Jahrhundert die Monopolstellung im Handel mit der sogenannten neuen Welt hatte und seinen Reichtum begründete, wurde hier das viele Kleingeld für den Überseehandel gefertigt.

Mérimée

Ah, „La Moneda“, meine Lieblingsbar! Als ich noch essen und trinken konnte...

Carmen

Ach, das hat mich noch nie abgehalten. Komm, alter Mann, lass uns Don José für einen Moment vergessen! Genehmigen wir uns erst mal einen kräftigen Schluck. Sieh dir all die schnuckeligen Touristen mit ihren Fotoapparaten an...

Japanischer Tourist

Verzeihung, darf ich Foto von Ihnen machen?

Carmen

Aber natürlich, mein Süßer...

Mérimée

Wieso kann dich der gelbhäutige Mensch denn sehen, *ma fille?*

Carmen

Manche Menschen sind für Erscheinungen aus der Zwischenwelt sehr empfänglich, und das gilt besonders für Völker mit jahrhundertealter spiritueller Tradition, wie die Asiaten. Auch wenn sich durch die Annäherung an den Westen speziell bei den Japanern eine gewisse Oberflächlichkeit eingeschlichen hat, welche die Empfänglichkeit für parapsychologische Phänomene eigentlich schmälert.

Japanischer Tourist *(der verzweifelt versucht, Carmen in seinem Display zu entdecken)*

Kamera ist kaputt. Ich Sie nicht seh auf Display. Ich nicht versteh... So was nur kenne aus Film mit „Dracula"...

Mérimée

Charmant!

Carmen

Keine Sorge. Ich bin ganz harmlos und tu Ihnen nichts.

Mérimée

Das kann ich so nicht unterstreichen...

Carmen

Mensch, alter Mann, jetzt hab ich aber echt die Faxen dicke! Wenn du unbedingt zu allem deinen Senf dazugeben willst, dann geh doch alleine auf die Suche nach Don José!

Japanischer Tourist

Verzeihung, mit wem sprechen...?

Carmen

Ach, kümmern Sie sich gar nicht um ihn. Der ist schon so alt, dass er nicht mal mehr mit bloßem Auge zu erkennen ist, geschweige denn auf der Digitalkamera. Damit Sie aber nicht ganz leer ausgehen, bestelle ich Ihnen jetzt erst mal ein paar Tapas... Kommen Sie, setzen wir uns!

Japanischer Tourist

Tapas?

Carmen

Ja, eine spanische Spezialität... ganz ähnlich wie Ihr... Sushi!

Japanischer Tourist

Sushi, ah ja, Sushi, *so desu ka!*

Carmen

Sehen Sie, wenn die Spanier Tapas essen gehen, ziehen sie von einer Bar zur nächsten und nehmen überall die leckersten Happen mit.

Japanischer Tourist

Warum Tapas ist wie Sushi?

Carmen

Ähm... ja... *(Da kommt der Kneipenwirt und setzt ihm unaufgefordert eine Portion Boccarrones vor.)* Bitte schön. Roher Fisch, eingelegt in Olivenöl und Knoblauch.

Japanischer Tourist

Ah! Sushi! *So desu ka!* Was heißen „Tapas"?

Carmen

Ähm...

Kneipenwirt

Das kommt von „tapar" und heißt „bedecken".

Japanischer Tourist

Nani?

Wirt

Ganz einfach. Früher hingen in spanischen Gaststätten immer Schinken von der Decke, aus denen das Fett heraustropfte. Und damit es den Gästen nicht in die Weingläser fiel, wurden die Gläser mit kleinen Tellern bedeckt. Und auf denen lagen zunächst kleine Brotstücke und später leckere kleine Happen.

Carmen

Ich glaube, Tapas wurden nur deshalb eingeführt, weil es nicht gesund ist, Alkohol auf nüchternen Magen zu trinken.

Japanischer Tourist *(verständig nickend)*

So desu ka! Domo Arigato! Sayonara! (steht auf und geht weg)

Wirt *(ruft ihm hinterher)*

Hey, wollen Sie nicht Ihre Boccarrones aufessen? Bloß weil ich keine Essstäbchen habe? *Turistas! (räumt grummelnd die Boccarrones ab und geht weg)*

Carmen

So! Schnell weg, bevor ich wieder angesprochen werde, sonst werden wir José niemals finden. Es ist nicht leicht, so begehrt zu sein...

Und auf dem Weg zu den Stadttoren werde ich dir den wahren Grund erzählen, warum José mich getötet hat. Das war nämlich weder meine Schuld, noch seine. Es war vom Schicksal vorbestimmt.

Eines Tages saß ich mit meinen beiden Freundinnen zusammen, und Frasquita kam auf die Idee, Karten zu legen. Das ist eine der Lieblingsbeschäftigungen von uns Zigeunerinnen. Während Frasquita sich einen hübschen Jungen prophezeite, der ihr zu Füßen liegt, las Mercedes aus den Karten, dass ihr ein reicher, alter Knacker den Hof machen würde. Meine Karten dagegen sagten mir weder Liebe noch Reichtum vorher, sondern... den Tod.

Mérimée

Hélas, mon pauvre enfant, es grämte mich ja auch, dich so erschrecken zu müssen, aber bei deinem Lebenswandel war diese Karte unvermeidlich...

Carmen

Tu doch nicht so, als ob es dir leid tun würde, alter Mann! Du warst doch bloß neidisch, dass du bei den Frauen nicht halb so viel Erfolg hattest wie ich bei den Männern. Und dass dir so manche Femme Fatale meines Kalibers das Herz gebrochen hat...

Mérimée

Quelle créature impertinente! Du unverschämtes, kleines Biest! Du hast es überhaupt nicht verdient, dass ich deine Geschichte aufschreibe! Es ist genau so, wie der griechische Philosoph Palladas gesagt hat: „Das Weib ist bitter wie Galle; doch sind zwei Gelegenheiten, wo es angenehm ist: im Bett und auf der Bahre."

Carmen

Jetzt übertreibst du aber ein bisschen, Prosperlein. Kann schon sein, dass ich den Tod verdient hatte. Aber was sollte ich machen? Wenn das Schicksal dieses Los für mich ausgesucht hatte, musste ich mich ihm fügen... Und wozu Trübsal blasen, wenn man es doch nicht verhindern kann! Also stürzte ich mich erst recht ins Vergnügen, um die Zeit, die mir noch blieb, so gut wie möglich auszukosten. Und mein liebstes Hobby waren nun mal... Männer.

Mérimée

C'est incroyable! Da glaubt man, sie sei mit den Jahren einsichtig geworden, und dann lacht sie dem Tod ins Gesicht und beschleunigt ihr Unglück auch noch...

Carmen

Eines Abends ging ich mit meiner neuen Eroberung, einem Leutnant, zu Dorothea. Ich hatte mich auf einen leidenschaftlichen Abend gefreut. Auf die Art von Leidenschaft aber, die dort auf mich wartete, war ich nicht gefasst. Als wir durch die Tür kamen, sah ich, dass ein junger Mann zusammengesunken an Dorotheas Tisch saß, und als er den Kopf hob, erkannte ich ihn: Don José! Auch das noch! Ich hatte gedacht, ich wäre ihn endlich los, aber von wegen! Anhänglich wie eine Klette! Das machte mich wütend, und ich gab ihm mit meinen Blicken zu verstehen, dass er sich davonmachen sollte. Stattdessen stand er auf und stellte sich frech vor seinen Leutnant hin. Der war natürlich alles andere als begeistert und befahl ihm, sofort aus dem Weg zu gehen. Als Don José sich weigerte, schlug der Leutnant ihn mit dem Griff seines Säbels auf den Kopf. José zog seinen Degen, Dorothea mischte sich ein, und ein wildes Handgemenge entstand. Auf einmal lag der Leutnant blutend am Boden: Er war José in die offene Klinge gelaufen. Ob das der Tod war, den mir die Karten prophezeit hatten?... *Qué idiota!* Legt sich mit seinem Vorgesetzten an! Ausgerechnet

Don José, der sonst immer so dienstbeflissen und obrigkeitshörig war! In dieser Situation wär diese Eigenschaft uns beiden zugute gekommen. José! Was hast du wieder angestellt...

Mérimée

Wo ist denn jetzt das Stadttor? Sind wir bald da?

10.
Der Untergang des römischen Reiches

Wir sind an einem der alten Stadttore, der Puerta de Jerez. Hier finden wir folgende Inschrift:

„Herkules erbaute mich, Cäsar umgab mich mit Wällen und Türmen, König Heilig nahm mich ein."

Ob nun tatsächlich Herkules auf seinem Weg zum Atlantik Sevilla gründete, bleibt Legende. Gesichert ist, dass 206 v. Chr. die Römer kamen und Cäsar 45 v. Chr. das damalige Hispalis schließlich zur Hauptstadt der römischen Kolonie Baetica machte. Er umgab die Stadt mit einer Mauer, deren Reste noch bis heute erhalten sind und der Stadt ihre Grundform geben. Die besten Zeugnisse finden sich an der Basilika der Heiligen Macarena.

712 n. Chr. wurde die Stadt von den Mauren erobert, die die Stadtmauern nochmals verstärkten.

Mérimée

Pas de Don José nulle part! Auch hier ist weit und breit kein Don José zu sehen! Und Banditen sind auch keine da. Sag mal, wie ist er überhaupt in diese schlechten Kreise geraten? Daran warst du doch bestimmt nicht unschuldig...

Carmen

Ich habe ihm bloß geholfen! Nachdem er den Leutnant im Affekt getötet hatte, war er wie erstarrt und sah entsetzt auf seinen Vorgesetzten hinunter, der mausetot vor seinen Füßen lag. Dann fing er an, panisch mit den Armen zu fuchteln: „Jesus Maria, was habe ich getan! Ich werde den Rest meines Lebens hinter Gittern verbringen!“ Tja, das hätte er sich früher überlegen müssen. Er kriegte sich gar nicht mehr ein, und ich muss zugeben, dass mich das Schauspiel seiner Hilflosigkeit höchst amüsierte. Er war so süß, mit seinem hochroten Kopf und der Panik in den Augen. Doch dann hatte ich Mitleid mit ihm und bot ihm an unterzutauchen und bei unserer Schmugglerbande einzusteigen.

Mérimée

Als wäre es nicht genug, dass du den armen Don José *einmal* zum Mord angetrieben hast... Jetzt machst du ihn gleich zum – *comme on dit* – „Serien-Killer“!

Carmen

Jetzt übertreib bloß nicht so maßlos! Unsere Bande war das Beste, was ihm passieren konnte. Ohne uns hätte er sich allein durchschlagen müssen und keine drei Tage überlebt... oder wär nach einem Tag vom Militär eingefangen worden. Und auch für mich war die Schmugglerbande die beste Lösung. Meine Arbeit in der Tabakfabrik hatte ich ja verloren und viele andere Möglichkeiten für ein ehrbares Mädchen, Geld zu verdienen, gab es nicht...

Mérimée

Ehrbar, dass ich nicht lache!

Carmen

Jawohl, ehrbar! Irgendwie musste ich mich schließlich über Wasser halten. Und Schmuggeln ist im Grunde eine sehr ehrbare Tätigkeit... und bringt wesentlich mehr ein als jedes andere Gewerbe.

Mérimée

Sans aucun doute. Das bezweifele ich nicht. Aber ich habe deine Tätigkeit als Schmugglerin nicht in die Geschichte aufgenommen, weil ich sie befürworte, sondern nur weil mich die romantische Aura reizte, die das Schmugglerleben gemeinhin in den Köpfen der Leute heraufbeschwört: Ein Leben unter freiem Himmel, waghalsige Unternehmungen, verwegene Burschen mit wildem Blick und Ohrring, tödliche Duelle im romantischen Schein des Lagerfeuers um die Gunst einer schönen Frau...

Carmen

So was kann auch nur ein alter Salonlöwe wie du romantisch finden! Hast du schon mal eine Nacht unter freiem Himmel verbracht? Ja, das behauptest du in deinem Buch, aber in Wirklichkeit warst du dir doch viel zu schade, um dich mit deinen schicken Pariser Klamotten in den Staub zu legen. Du hast keine Ahnung, wie es ist, von der Obrigkeit gejagt zu werden oder jeden Abend das Macho-Gehabe der sich bekriegenden Klan-Mitglieder ertragen zu müssen.

Jedenfalls sagten wir immer, um uns in der Öffentlichkeit nicht zu verraten, wir seien in „ägyptischen Angelegenheiten“ unterwegs. Und diese „ägyptischen Angelegenheiten“ wurden uns ganz schön erschwert durch die lästige Mauer, die Julius Cäsar irgendwann hier hingebaut hat. Dort waren immer Wachen postiert, um die ich mich erst mal „kümmern" musste, damit sie uns mit unserem Kram durchließen. Irgendwann haben sie die Mauer abgerissen, aber für uns kam das leider zu spät...

Ein Mann in weißer Toga schleppt eine Statue aus Stein hinter sich her.

Cäsar

Verzeihung...

Carmen

Ave Cäsar, großer Imperator. Habt Ihr mich erschreckt!

Cäsar

Das war nicht meine Absicht, anmutige Tochter Hispaniens, *olé!* Könnt Ihr mir wohl helfen, meine Statue aufzustellen? Nachdem meine schöne Mauer abgerissen wurde, muss ich irgendwas tun, damit ich hier nicht ganz in Vergessenheit gerate. Wenn man sich nicht selbst um alles kümmert, kann man das mit dem Nachruhm glatt vergessen. *(kurze Pause, während der er Carmen neugierig mustert)* Könnte es sein, dass Ihr Verwandte in Ägypten habt? Ich kannte dort eine Fürstin, die hatte eine ganz genauso entzückende kleine Stupsnase wie Ihr.

Carmen

Das ist gut möglich, großer Cäsar. Wenn man den Geschichten der Alten glauben darf, stammen wir Zigeuner zum Teil aus Ägypten, was Eure Theorie bestätigen würde. *(beiseite)* Dass wir damals „ägyptischen Geschäften" nachgegangen sind, erzähle ich ihm besser nicht. Apropos, großer Cäsar, die Idee mit Eurer Mauer fand ich überhaupt nicht gut. Äußerst unpraktisch.

Cäsar *(schmeichelnd)*

Hätte ich geahnt, dass ich mit dieser Mauer ein solch reizendes Geschöpf verärgere, hätte ich natürlich Abstand davon genommen. Aber nun ist es geschehen, *alea iacta est,* wie wir Römer sagen, und ich kann es nicht mehr rückgängig machen. Streng nach meiner Devise *veni, vidi, vici* kam ich hierher und habe sofort mein Revier abgesteckt... und was eignet sich da besser als eine hübsche kleine Mauer in echt römischer Handarbeit? Natürlich wurden für die Ausführung hauptsächlich spanische Sklaven herangezogen...

Carmen

Und griechische, britische und germanische!

Cäsar

Ja, ja, ich weiß...

Mérimée

Und vergesst nicht die französischen!

Cäsar

Wie könnte ich *die* vergessen! Ganz Gallien war von den Römern besetzt...

Ganz Gallien? Nein! Ein von unbeugsamen Galliern bevölkertes Dorf hörte nicht auf, uns Widerstand zu leisten und machte meinen Legionären das Leben zur Hölle!

Carmen

Regt Euch nicht auf, großer Kaiser. Dafür habt Ihr mit Eurem siegreichen Eroberungszug fast jedes andere Land auf dem Erdball unterworfen. Und nachdem Ihr die Einwohner zu Bürgern des Römischen Reiches gemacht hattet, durften sie auch schön Steuern zahlen.

Cäsar

Ja, und die Hispanier waren die unzuverlässigsten Steuerzahler, die man sich vorstellen konnte. Aus diesem Grund bin ich überhaupt erst hierher gekommen: um dafür zu sorgen, dass die Sesterze rollt.

Denn Rom brauchte dringend Geld. Meine Untertanen frönten schließlich einem aufwändigen Lebensstil. Auch wenn ich dafür seit damals aufs Übelste beschimpft werde. „Dekadenter Hund“, „Sklaventreiber“, „Tyrannenschwein“, „Römischer Lackaffe“, „Massenmörder“ sind nur einige der reizenden Bezeichnungen, die ich über mich ergehen lassen muss... Aber die allerschlimmste Beleidigung ist „Diktator“! Ausgerechnet ich, der ich die Kaiserkrone zweimal abgelehnt habe, der ich ein Sinnbild der Demokratie gewesen bin...

Carmen

Tja, großer Tyrann, man kann nicht alles haben. Manchmal muss man sich mit einer selbstaufgebauten Statue begnügen, wenn die Nachwelt einen verschmäht.

Cäsar

Leider ist auch sie nicht mehr ganz unversehrt. Auf dem Transport hierher ist sie mir umgefallen und die Nase ist abgebrochen. Ausgerechnet...

Carmen

Grämt Euch nicht. Euer echter Zinken reicht für zwei.

Cäsar

Na na, hübsches Kind, nicht so vorwitzig! Das könnte auch bei einem Imperator, dessen glorreiche Amtszeit schon lange verstrichen ist, unangenehme Konsequenzen haben. Aber heute will ich noch einmal Gnade vor Recht ergehen lassen... wegen Eurer entzückenden Nase. Gehabt Euch wohl! *(Im Weggehen)* Diese Nase... meine Güte, diese Nase... *olé!*

Carmen

Ja, ja, der Julius. Aber auch ohne seine Mauer war das Schmuggeln ein hartes Geschäft. Ständig mussten unsere Jungs zum Messer greifen, um sich ihres Lebens zu erwehren oder um nicht ins Gefängnis gesteckt zu werden, was für sie viel schlimmer gewesen wär. Don José lebte sich erstaunlich schnell ein, dafür, dass er als Soldat so dienstbeflissen gewesen war. Er verdiente sich bald den Respekt seiner Kumpanen und schien sich in der Rolle des verwegenen Banditen zu gefallen.

Mérimée

Wahrscheinlich träumte er nachts davon, mit dir zusammen auf dem Rücken seiner Stute über Berge und Felder zu reiten, während dein offenes Haar im Wind flattert...

Carmen

Zuzutrauen wäre es dem Schwärmer! Abends saßen wir zusammen am Lagerfeuer und teilten die Beute, während unser Anführer Geschichten von früheren Streifzügen erzählte und hinter den Bergen die Wölfe heulten. Leider war es mit der Emanzipation nicht weit her, und das Wasserholen wurde auch bei uns den Frauen überlassen. So machte ich mich eines Abends mit leerem Krug auf den Weg zum Fluss. Da hörte ich plötzlich von ferne, wie sich zwei Männer stritten. Das Geschrei wurde immer lauter, und schließlich klang es so, als ob sie angefangen hätten, miteinander zu kämpfen. Es gab ständig Querelen zwischen den Männern, deshalb war ich nicht besonders alarmiert. Da wusste ich aber noch nicht, wer an dem Kampf beteiligt war.

Mérimée

Und als du mit deinem gefüllten Wasserkrug zurückkamst, erkanntest du im schimmernden Licht des Lagerfeuers das hassverzerrte Gesicht Don Josés, der Garcia herausgefordert hatte.

Carmen

Der war zu dem Zeitpunkt unser Anführer und hatte aus früheren Zeiten noch Ansprüche an mich. José war mal wieder eifersüchtig und wollte mich für sich haben, und tatsächlich gelang es ihm, im Kampf die Oberhand zu gewinnen und Garcia... zu erstechen. Darüber war ich nicht allzu traurig, denn der hässliche Garcia hatte nur noch ein Auge und sah auch sonst nicht sehr appetitlich aus. Trotzdem war es überflüssig und ärgerlich. Don José glaubte jetzt, dass ich ganz und gar ihm gehörte... und Garcias Tod war ein weiterer Schritt auf das Schicksal zu, das mir die Karten prophezeit hatten.

Mérimée

Ich will ehrlich sein: Ein wenig kann ich dich sogar verstehen. Sobald sich mir zu Lebzeiten ein Frauenzimmer an den Rockschoß gehängt hat oder das Wort *mariage,* „Hochzeit" in den Mund nahm, habe ich auch schnellstens das Weite gesucht...

Carmen

Ach, tatsächlich? Und ich werde hier die ganze Zeit als herzlose Schlampe denunziert...

Mérimée

Ich habe auch nie verstanden, warum José immer so aufbrausend geworden ist. Ihm steckte das Messer ja ziemlich locker. Erst der Mann, den er beim Kartenspiel erstach, dann der Leutnant und schließlich der Anführer der Schmuggler...

Carmen

Das war halt sein südländisches Temperament. Aber das kann so ein feiner Pinkel wie du natürlich nicht verstehen. Aber da fällt mir ein, es gab doch noch diesen Stierkämpfer, mit dem ich kurz zusammen war. Wegen dem ist er ja völlig durchgedreht...

11.
Sol y Sombra
(oder: Licht und Schatten)

8

Wir stehen auf dem sandigen Platz vor der Stierkampfarena, der *Plaza de Toros „La Maestranza“*. Die Arena am Paseo de Colon wurde schon im 18. Jh. errichtet und gilt als eine der schönsten und bedeutendsten Spaniens. Wird die Arena in Madrid als die Kathedrale des Stierkampfes bezeichnet, so ist die von Sevilla sein Wohnzimmer. Trotz der enormen Größe für 14.000 Zuschauer wird sie für ihre intime Atmosphäre geschätzt. Die hiesigen *corridas* (Stierkämpfe) genießen den allerbesten Ruf und hatten bei Orson Welles und Ernest Hemingway Kultstatus!

Carmen

Don José war bei dem Kampf mit Garcia ebenfalls schwer verletzt worden und musste ein paar Tage im Bett bleiben. Ich langweilte mich, und immer wenn er eingeschlafen war, ging ich hinaus und sah mir die Stierkämpfe in der Arena an.

Mérimée

Die Arena war in zwei Bereiche unterteilt, die jeweils mit den Tafeln „Sol“ und „Sombra“ bezeichnet waren, also „Sonne“ und „Schatten“. Mit anderen Worten, die eine Hälfte des Stadions war der Sonne ausgesetzt, die andere lag im Schatten. *Alors il y avaient deux prix,* zwei Preiskategorien. Während die Reichen sich die kostspieligen Plätze im Schatten leisten konnten, saß das einfache Volk auf den billigen Plätzen in der brüllenden Sonne und ließ sich braten.

Carmen

Theoretisch gab mein Geldbeutel keinen Schattenplatz her. Trotzdem brauchte ich nie in der Sonne zu sitzen. Ein süßes Lächeln zur rechten Zeit am rechten Ort kann wahre Wunder wirken...

Mérimée

Wäre ich eine Frau gewesen, hätten mich meine langen Reisen durch Spanien vermutlich viel weniger gekostet...

Carmen

Ach, gräm dich nicht. Als Frau hättest du auch nicht besser ausgesehen. Das hätte sich nicht gelohnt...

Mérimée

Kannst du nicht *ein Mal* dein freches Mundwerk halten? Wieso hast du dich eigentlich für Stierkampf interessiert? Das hab ich nie ganz verstanden.

Carmen

Ganz einfach, ich hatte es auf einen Picador namens Lucas abgesehen. Ein hübscher Junge mit todesmutiger Entschlossenheit im Blick... dabei saß er bloß auf dem Pferd und ärgerte den Stier, indem er ihn in den Nacken piekste. Eigentlich eine feige Sache: Picadoren verletzen das Tier, damit es einerseits durch den Blutverlust geschwächt ist und andererseits sauer wird und angreift. Denn wenn so ein Stier im Vollbesitz seiner Kräfte ist, hat der Matador keine Chance.

Immer wenn Lucas im Ring erschien, jubelten die weiblichen Zuschauer, doch er hatte nur Augen für mich. Und ich gebe zu, dass ich mich auch ein bisschen in ihn verliebt hatte. Also ging ich immer öfter in die Stierkampfarena. Nach einer Weile wurde Don José misstrauisch. Seine Eifersucht nahm immer erschreckendere Ausmaße an, und ich musste an die Karten denken, die mir einen frühen Tod vorausgesagt hatten. Aber ich ging trotzdem weiter zum Stierkampf. Ich konnte nicht anders, die Arena zog mich magisch an. Besonders fasziniert haben mich die *toros bravos*, eine besondere Stierrasse, die extra für den Stierkampf gezüchtet werden...

Inzwischen hat sich ein älterer Mann zu ihnen gesellt, der sich jetzt in das Gespräch einmischt.

Hemingway

Wenn Sie gestatten, *Miss,* werde ich den *Ladies and Gentlemen* hier mal erzählen, was der wichtigste Aspekt beim Stierkampf ist.

Carmen

Ich war aber noch gar nicht...

Hemingway

Sie haben nicht zufällig eine Zigarre und ein Glas Bourbon für mich, *my dear?* Dann könnte ich es mir ein wenig bequemer machen. *Mind you,* meine Zeit in Spanien war auch nicht sehr gemütlich. *You know,* ich war Kriegsberichterstatter im Spanischen Bürgerkrieg, und da war nie Zeit für eine gepflegte Zigarre und ein gutes Glas Whiskey. *But a man's got to do what a man's got to do...*

Oh, entschuldigen Sie, ich hab mich ja noch gar nicht vorgestellt: Ernest Hemingway, Schriftsteller und großer Stierkampfliebhaber. *Just like Orson Welles,* der berühmte Filmregisseur, kennen Sie sicher. Der Stierkampf ist eine vertrackte Sache. Genau wie die Liebe, *if you know what I mean.* Man könnte ihn verurteilen, nicht so sehr wegen der Stiere, aber wegen der armen Pferde, die während des Kampfes als bedeutungslose Randfiguren ihr Leben lassen müssen.

Niedergemetzelt von einem wilden Stier, der eigentlich den Picador treffen wollte, liegen sie da, die Eingeweide quellen hervor... ein furchtbarer Anblick! *You know,* ich bin mit Pferden groß geworden. Pferde waren seit meiner frühesten Jugend meine Spielgefährten, *so that's really tough.*

Carmen

Ja, das muss hart sein. Als feinsinniger Amerikaner in der Stierkampfarena, wo blutrünstige Spanier unschuldige Pferde schlachten...

Hemingway

Man muss den *bullfight* als Gesamtkunstwerk verstehen, als *tragedy*, bei der der Tod des Stieres vorbestimmt ist, und der Matador ist der *director,* der bestimmt, auf welche Weise die Handlung ihren Lauf nimmt. *What's important is,* dass der Stier Talent für die tragische Figur haben muss. Und der Toro Bravo, *that you talked about earlier, my dear,* ist die *perfect cast* für diese Rolle. Er ist ziemlich klein, aber jung und wohlgestaltet... äh... von mittlerer Größe und Stärke, und auch seine *horns* sind nicht allzu lang. *On the other hand* ist er reaktionsschnell und gewandt und reagiert auf Farben und Bewegungen.

But first of all ist er kampflustig und stets bereit anzugreifen. Wenn Sie sich mit dem Thema Stierkampf näher beschäftigen wollen, *I recommend my book* „Tod am Nachmittag". Es ist erschienen bei...

Carmen

Danke, auf die Schleichwerbung können wir verzichten. Wenn Sie sich so gut auskennen, warum stellen Sie sich nicht selbst auf die Plaza und zeigen uns, wie es geht? Vielleicht haben Sie damit mehr Glück als bei den Frauen...

Hemingway

Oh, I'm fine, thank you! Und Stierhörner können mir nichts mehr anhaben... *It was a pleasure meeting you.* Aber jetzt muss ich mich leider empfehlen. Ein dringendes posthumes Projekt... das *remake* einer verstaubten, literarischen Vorlage, eine faszinierende Geschichte... von... *what's his name*... Mereemay oder so... feiner Frenchy aus *old Europe*...

Mérimée

Ich muss doch sehr bitten!

Carmen

Amerikaner!

12.
Die Golden Girls

9

Wir befinden uns am Ufer des *Guadalquivir*, direkt gegenüber der Stierkampfarena, mit herrlicher Aussicht auf die Puente de Isabel II, die älteste Brücke der Stadt, und auf die schönen Häuser des gegenüberliegenden Stadtteils Triana. Der Guadalquivir ist mit seinen 657 Kilometern der längste Fluss in Andalusien. Auch er ist ein Zeugnis der maurischen Vergangenheit: Der Name leitet sich vom arabischen al-wad al-kabir ab und bedeutet so viel wie ‚großer Fluss'.

Carmen

Sehen Sie mal, die Statue da vorne! Kommt Ihnen das Gesicht bekannt vor? Richtig! Das bin ich! Siehst du, Don Juan! Ich habe nicht nur eine Oper, sondern auch eine Statue, genau wie du. Und wenn mich nicht alles täuscht, ist meine sogar ein bisschen größer als deine…

Mérimée

Ich finde, das ist ein passender Platz, direkt vor der Stierkampfarena, denn hier wurdest du zum letzten Mal lebend gesehen.

Carmen

Ja, hier hatte ich mein letztes Stelldichein mit Don José. Er war dahintergekommen, dass es in der Stierkampfarena jemanden gab, für den ich mich interessierte, und er kochte vor Eifersucht. Er lauerte mir auf und nahm mich an einen einsamen Ort in den Bergen außerhalb von Sevilla mit. Dort stellte er mich zur Rede und vor die Wahl, entweder mit ihm nach Amerika zu gehen oder an Ort und Stelle zu sterben.

Mérimée

Daran sieht man, dass José durch deinen Umgang völlig verroht war. In Paris hätte man die Dame seines Herzens zu einem *dîner romantique* bei Kerzenlicht und einer Flasche Champagner eingeladen, um ihr einen Antrag zu machen...

Carmen

Tja, bei uns ging es eben ein wenig urtümlicher zu. Ich hätte mich auch über ein kleines Geschenk zur Verlobung gefreut, aber mit José war es eine lebensgefährliche Angelegenheit.

Wenn ich so zurückblicke, muss ich zugeben, dass mir Don José von allen meinen Eroberungen tatsächlich der Liebste gewesen ist.

Aber das änderte nichts an meiner Einstellung. Ich wusste, dass Don José besessen von mir war und es ernst meinte. Gleichzeitig war es mir unmöglich, mich gegen meinen Willen auf eine Beziehung einzulassen, in der ich nicht mehr als das Eigentum eines einzigen Mannes war. Das widerstrebte mir zutiefst.

Und das sagte ich ihm auch. Don José trug das wesentlich weniger gelassen als ich; er wurde bleich, seine Hände zitterten und er starrte mich mit flehendem Blick an. Aber das reizte mich erst recht, ihn zum Äußersten zu treiben.

Ich spürte, wie sehr er sich zusammenreißen musste, um nicht gleich auf mich loszugehen. Man sah förmlich, wie der Wunsch, mich am Leben zu lassen und mit mir zusammen zu sein und seine Eifersucht in ihm stritten. Aber mir war das egal. Ich wusste, was die Karten mir vorhergesagt hatten, und es war nur eine Frage der Zeit, wann es eintreffen würde. Don José fragte mich ein letztes Mal. Und wieder antwortete ich ihm mit einem entschiedenen „Nein“.

Da zog er ein Messer aus der Tasche und kam langsam und mit traurigem Blick auf mich zu...

Auf einmal kommen zwei junge Frauen angerannt.

Mercedes, Frasquita

Carmen... Carmen!

Carmen

Das gibt es ja nicht! Euch hab ich ja schon ewig nicht mehr gesehen! Prosper, darf ich vorstellen: meine allerliebsten Zigeunerfreundinnen: Frasquita und Mercedes. Wir waren früher so was wie die Golden Girls von Sevilla...

Mérimée

Sehr angenehm, *mesdemoiselles*...

Mérimée möchte den Damen galant die Hand küssen, doch die beiden wirken nervös.

Frasquita

Carmen, darf ich dir raten? Geh fort und bleib nicht da!

Carmen

Und warum? Sag, was gibt´s?

Mercedes

Er ist da!

Carmen

José?

Mercedes

Ja, Don José. In der Arena dort verbirgt er sich.

Carmen

Ja, ja…

Frasquita

O hüte dich!

Carmen

Ich bin nicht das Weib, das sich fürchtet und zagt!
Ich erwart ihn, hör ihn an, was er sagt.

Mercedes

Carmen, glaub mir und hüte dich!

Carmen

Ich fürchte nichts!

Mérimée

Warte hier, Carmen, ich werde ihn holen... [1]

1 Das Duett ist angelehnt an das Libretto der Oper Carmen von Georges Bizet, Übersetzung von W. Zentner, S. 76–77, © 1963 Philipp Reclam Stuttgart

13.
Wem die Stunde schlägt

Mit Mérimée betreten wir schließlich das Innere der Arena. Die Sonne steht jetzt schon tief und wirft weite Schatten. Der Sandboden ist tiefrot und wirkt wie blutgetränkt. Mitten auf dem Platz steht Don José mit einem Degen bewaffnet. Es kommt zum dramatischen Showdown aller Beteiligten...

Mérimée

José?

Don José antwortet nicht.

Mérimée

José... Don José... Erinnert Ihr Euch noch an mich?

Don José *(fährt plötzlich hoch)*

Sie sagte „Dich so zu lieben ist unmöglich. Mit dir leben will ich nicht." Wut packte mich. Ich zog mein Messer. Ich wollte, dass sie Angst bekam und mich um Gnade bat, aber diese Frau war ein Dämon. „Zum letzten Mal", schrie ich, "willst du bei mir bleiben?" „Nein, nein, nein!" rief sie, mit dem Fuß stampfend, zog einen Ring vom Finger, den ich ihr geschenkt hatte, und warf ihn ins Gebüsch. Ich stach zweimal zu. Es war das Messer des Einäugigen, das ich genommen hatte, als meines zerbrochen war. Sie fiel beim zweiten Stich ohne Laut. Immer noch sehe ich ihre großen, schwarzen Augen starr auf mich geheftet; dann wurden sie trübe und schlossen sich. Ich blieb vernichtet wohl eine Stunde vor der Leiche stehen. Dann erinnerte ich mich, dass Carmen mir oft gesagt hatte, sie möchte im Wald begraben sein. Ich hob mit meinem Messer ein Grab aus und legte sie hinein... vielleicht tat ich Unrecht. [1]

Mérimée

Ich weiß, ich weiß, das stammt schließlich aus meiner eigenen Feder. Das war kurz bevor Ihr dem Henker überantwortet wurdet...

Plötzlich schaut Don José erschrocken auf: Carmen, die allein auf dem Platz zurückgeblieben war, betritt die Arena. Auf einmal setzt Musik ein! Es beginnt das Schlussduett mit Chor der Oper von Bizet, mit einer kleinen Änderung am Schluss...

Carmen

Du bist´s?

Don José

Ich bin´s.

Carmen

Es ward mir schon Kunde,
dass du nicht weit von hier,
dass du mir lauerst auf,
selbst Gefahr für mein Leben
brächte diese Stunde.
Doch ich bin furchtlos; feige Flucht wäre Schmach!

---

1 Textpassage aus Carmen von Prosper Mérimée, S. 69, © 1963 Philipp Reclam Stuttgart

Don José

Ich will dir ja nicht drohn; ich bitte, sieh mich beben.
Ich fleh zu dir, Carmen! Was gewesen, sei vergeben.
Komm, zieh'n wir beide fort,
Wir beginnen ein neues Leben
weit von hier, an fernem Ort.

Carmen

Was du verlangst, es ist unmöglich!
Fern von mir sei Heuchelei.
Es bleibt mein Herz unbeweglich,
denn zwischen uns ist es vorbei!

Don José

O Carmen, nur ein Wort noch höre!
Ach, zu mir wiederkehre!
Ich reiße ja aus diesem Abgrund dich und deine Ehre.
O folge mir, ich rette dich und mich!

Carmen

Wozu die Worte noch? Erspar sie dir und mir!

Don José

Carmen, mein Herz ist treu geblieben!
Wohlan, ich bleibe treu den Scharen

und bin Bandit wie sie.
Ich tue, was du willst; ja höre wohl:
Wenn du der Liebe heißes Sehnen stillst.
Ach, denke an vergangene Zeit zurück,
wo wir selig waren!
Zu deinen Füßen lieg ich hier,
Carmen, geh nicht von mir!

Carmen

Gehorchen kann ich keinem Gebot,
frei will ich sein, frei selbst jetzt noch im Tod!

Carmen stürmt wie ein Stier auf Don José zu.

Chor *(Mérimée, Frasquita und Mercedes)*

Viva, viva, ach wie so herrlich!
In dem blutigen Sand wie bedrohlich stürzt der Stier dem Kämpfer entgegen.
Seht da, wie Don José zieht seinen Degen, wie das Tier gereizt auf ihn springt!
Ob der Stoß ihm glücklich gelingt?
Seht da, seht da... Viktoria!

Don José sieht den Chor entsetzt an, als ihm bewusst wird, dass er aus bloßer Eifersucht Carmen niederstechen will wie einen hilflosen Stier. Dann wirft er den Degen in hohem Bogen fort.

Don José

Genug, Verfluchte!
Ich will nicht mehr.
Lass uns endlich Frieden schaffen
und weg mit allen Waffen! [1]

Carmen stürzt in die Arme von Don José. Alle anderen eilen herbei und fallen sich ebenfalls in die Arme!

1 Das Duett ist angelehnt an das Libretto der Oper Carmen von Georges Bizet, Übersetzung von W. Zentner, S. 77–79,

14.
Der alte Mann und der Fluss

10

Mérimée geht alleine am Flussufer entlang. Die Sonne geht unter und taucht die Stadt in goldenes Licht.

Mérimée

Ach, ich liebe Happy Ends! Wir mussten ja auch lange genug darauf warten: 200 Jahre... Ich kann so gewaltsame Tode nicht ausstehen. Da ziehe ich eine musikalische Lösung vor. Auch wenn ich damit jetzt meinem Landsmann Georges Bizet das Wort rede, aber das muss der Neid ihm lassen.

Mit der Geschichte ist es so eine Sache: Man kann sie zwar nicht ungeschehen machen, aber man kann sie in einem anderen Licht betrachten. Und deshalb kann ich mich jetzt auch wieder auf den Heimweg in mein geliebtes Paris machen.

Ich gebe zu, dass ich jetzt auch Carmen in einem anderen Licht sehe. Sie hat ihr Leben so gelebt, wie sie es wollte: Kompromisslos und in vollen Zügen. Das können nicht viele von sich sagen, *certainement pas.* Im Mittelalter wäre sie gewiss als Hexe verbrannt worden... vorausgesetzt, sie hätte den *Inquisiteur* nicht vorher um den Finger gewickelt...

Wo wir gerade davon sprechen... Da hinten, auf der anderen Seite des Flusses befand sich dreihundert Jahre lang das Gericht der Inquisition. Und genau ihr gegenüber steht heute eine Skulptur. Können Sie die sehen? Ja, genau, die so aussieht wie ein Stier, dem das Horn abgebrochen ist... *Pardonnez-moi,* Sie müssen meine Ignoranz verzeihen, aber mit moderner Kunst kann ich nicht viel anfangen. Selbstverständlich handelt es sich hier um ein berühmtes, modernes Kunstwerk, erschaffen von dem zeitgenössischen baskischen Bildhauer Chilida. Die Skulptur hat auch einen Namen: *Tolerancia,* und sie soll uns daran erinnern, dass es kurz vor der Inquisition in Sevilla eine Zeit gab, die geprägt war von Toleranz, in der die verschiedenen Religionen friedlich nebeneinander existierten. Die Zeit, von der ich spreche, war die Zeit der Maurenherrschaft.

Aber jetzt werde ich die spanischen Gefilde verlassen und mich endlich wieder in meine Heimat begeben, nach der ich mich schon seit Jahrhunderten in Sehnsucht verzehre...

Adios, mes amis!

Mérimée steigt in ein Boot und rudert dem Sonnenuntergang entgegen. Auf der Gedenktafel, die an der Skulptur *Tolerancia* angebracht ist, lesen wir:

Epilog

Sevillas Stimme, gebroch'ne Melodie.
Sie singt uns von der Menschheit
in aller Herrlichkeit, in allem Schrecken,
im Licht wie im Schatten.
Hier wie überall wurde geliebt und gehasst,
aus guten und aus schlechten Gründen,
und auch ganz ohne Grund.
Man lebte, indem man tötete,
man wähnte sich stark, weil man Schwache verfolgte.
Man verkündete die Ehre Gottes
und offenbarte der Menschen Niedertracht.
Doch die Vergangenheit vereint euch,
sie ist jüdisch, christlich und muslimisch.
Ihr teilt ein Schicksal,
denn Gott ist Gott,
und ihr seid alle seine Kinder.
Gewiss, das Leben endet in der Nacht,
doch ihr seid da, um es mit Licht zu füllen. [1]

Ende.

1 Freie Übersetzung der Gedenktafel von Elie Wiesel (1928) am Monument Tolerancia des Bildhauers Eduardo Chillida (1924–2002)

Die ReiseGeister

Prosper Mérimée Schriftsteller mit chronischem Fernweh, besonderer Vorliebe für Spanien und einer romantisch verklärten Vorstellung vom andalusischen Schmugglergewerbe. Kultivierter Lebemann, brillanter Geschichtenerzähler und Liebhaber des schönen Geschlechts. Reiste zum ersten Mal vor 175 Jahren nach Andalusien und erfuhr dort von Carmen, der Cigarera. Ihre Geschichte veranlasste ihn, ihr eine Novelle zu widmen, die zur Vorlage der berühmten Oper wurde. Als Geist kehrt er nach Sevilla zurück und versucht sein inzwischen schwächelndes Gedächtnis mit Hilfe der Sehenswürdigkeiten vor Ort auf Trab zu bringen.

Carmen Trotz ihres biblischen Alters hat sie nichts von ihrem einstigen Charme eingebüßt, mit dem sie die Männer zu Lebzeiten reihenweise ins Unglück stürzte. Ihre atemberaubende Schönheit, ihre unwiderstehlichen Verführungskünste und ihr Freiheitssinn, der sie davon abhielt, sich festen Bindungen zu unterwerfen, machten sie zur klassischen Femme Fatale. Seither ist aber auch sie, wenn nicht weiser, so doch abgeklärter geworden, und eine gewisse Schrulligkeit, die ihrer Existenz als Geist zuzuschreiben ist, kann nicht geleugnet werden. Als gute Seele von Sevilla zieht sie durch die Straßen der Stadt und erzählt jedem, der sie hören will, ihre Version der berühmten Operngeschichte.

Miguel Cervantes Dichter von der traurigen Gestalt, hat einen großen Teil seines Lebens hinter Gittern verbracht und ist deshalb auch als Geist am ehesten hinter solchen anzutreffen. Sein hartes Leben hat an seinem Verstand genagt, so dass er sich auch heute noch gerne in die Fantasie flüchtet und sich zeitweise für seine Romanfigur Don Quijote hält, dessen Geschichte er größtenteils im Gefängnis verfasste. Die Überlieferung, seine häufigen Gefängnisaufenthalte seien Folge seiner oppositionellen Haltung gegenüber Staat und Kirche, bzw. Inquisition gewesen, ist wohl eher schmeichelhaft als wahrheitsgemäß. Wahrscheinlicher ist, dass er sich als Buchhalter die eigenen Taschen füllte, um sein karges Gehalt aufzubessern.

Christoph Kolumbus lebte lange mit seiner Familie in Sevilla und plante von hier aus die Eroberung neuer Handelswege. Doch sein einstiger Entdeckerwille ist längst gedämpft, und Ernüchterung beherrscht ihn angesichts der Kette von menschenverachtenden Ereignissen, die auf die Entdeckung Amerikas folgten. Ein unruhiger Geist, dessen Schuldgefühle ihn keinen Frieden finden lassen.

Don Juan Sein richtiger Name, Miguel Mañara, eignete sich nicht für die Oper, so dass er sich ein Pseudonym zulegte. Er war der Frauenheld per se, zur Eroberung eines hübschen Weibsbildes war ihm jedes Mittel recht, Begriffe wie Ehre und Moral kannte er nicht. Bis ihm ein Blick in die Zukunft gewährt und er Zeuge seines eigenen Begräbnisses wurde. Dieses Erlebnis läuterte ihn und veranlasste ihn, seinen Lebenswandel von Grund auf zu ändern. Nach Jahrhunderten der Wohltätigkeit gönnt er sich jetzt allerdings ab und an Rückfälle in alte Verhaltensmuster und verwaltet ansonsten sein Vermächtnis als berühmteste Opernfigur der Stadt.

Japanischer Tourist Er trifft Carmen in einer Tapasbar und will sie als einheimische Attraktion fotografieren. Reagiert irritiert, als er sie auf dem Display seiner GigaPix-Kamera nicht entdeckt. Als Carmen ihn zum Trost zum Tapasessen einlädt, ist er versöhnt und vergisst seine Horrorfilm-Assoziationen schnell wieder.

Julius Cäsar Einst Beherrscher eines Weltreichs, ist er heute Verwalter seines eigenen Vermächtnisses. Kein Freund westlicher Demokratie, aber dafür Liebhaber ägyptischer Stupsnasen. Aufgrund seines megalomanen Verhaltens fällt er selbst als Geist noch unangenehm auf. Die Mauer, die er vor langer Zeit um Sevilla errichtete, um die Steuerzahlungen der eroberten Spanier zu sichern, wurde inzwischen abgerissen.

Ernest Hemingway kommt auf seinen ausgedehnten Spanienreisen oft nach Sevilla, und schreibt dabei Bücher über den Stierkampf. Er ist ein Haudegen und Raubein, liebt Europa, weil man dort überall trinken und rauchen kann. Weil er nirgendwo ohne Zigarre im Mund auftaucht, kann man ihn schwer verstehen, was durch seinen starken amerikanischen Akzent noch verstärkt wird. Er bewundert kampflustige Stiere, Frauen gegenüber ist er eher skeptisch.